www.ingramcontent.com/pod-product-compliance
Lightning Source LLC
Chambersburg PA
CBHW070853180526
45168CB00005B/1801
* 9 7 8 1 5 1 7 3 2 9 8 7 7 *